Contraste insuffisant
NF Z 43-120-14

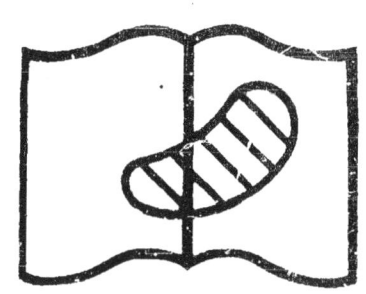

Illisibilité partielle

Valable pour tout ou partie
du document reproduit

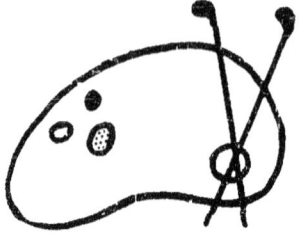

Couvertures supérieure et inférieure
en couleur

LUCIEN AUVRAY

LOUISE DE BASSOMPIERRE

ET LES ORIGINES DU TRANSFERT A PARIS

DES

RELIGIEUSES DE SAINTE-PÉRINE DE COMPIÈGNE

PARIS
1903

Les tirages à part de la *Société de l'Histoire de Paris et de l'Ile-de-France* ne peuvent être mis en vente.

LUCIEN AUVRAY

LOUISE DE BASSOMPIERRE

ET LES ORIGINES DU TRANSFERT A PARIS

DES

RELIGIEUSES DE SAINTE-PÉRINE DE COMPIÈGNE

PARIS
1903

LOUISE DE BASSOMPIERRE

ET LES ORIGINES DU TRANSFERT A PARIS DES RELIGIEUSES DE SAINTE-PÉRINE DE COMPIÈGNE.

I.

Les religieuses de Sainte-Périne avaient quitté depuis dix-huit ans à peine leur solitude de la forêt de Cuise ou de Compiègne pour Compiègne même, que, trop à l'étroit dans leur nouvelle maison, elles songeaient à s'établir, à Paris, dans des bâtiments mieux appropriés. Mais il y avait à ce nouveau transfert deux difficultés principales : la communauté n'était pas assez riche pour faire à Paris, ou aux environs immédiats, l'acquisition de l'immeuble qui lui était nécessaire; ensuite, elle ne pouvait sortir du diocèse de Soissons sans l'assentiment de l'évêque.

Comment ces difficultés furent aplanies; quelles puissantes influences intervinrent très à propos; quel fut, dans ces circonstances, le rôle à la fois effacé et prépondérant d'une jeune religieuse de l'abbaye, dont la haute naissance était restée longtemps mystérieuse et inavouée : c'est ce que, bien mieux qu'aucune pièce officielle, nous révèle un mémoire à demi confidentiel, adressé, sur sa demande, à un bénédictin de Saint-Corneille, dom Bonaventure Gillesson[1], bien connu par ses travaux sur le Soissonnais et sur Compiègne, par une des dames même de Sainte-Périne, sœur Anne Martin[2].

Ce mémoire « ou narré, » que, par crainte de la responsabilité des indiscrétions qui s'y trouvaient, la religieuse ne signa point, et qu'elle ne prit pas sur elle d'envoyer à son correspondant sans la permission de ses supérieures, s'est conservé, parmi d'autres papiers de dom Gillesson, dans un manuscrit de la Bibliothèque nationale; il fait

---

1. Sur dom Gillesson († 1666) et ses travaux, voir Ulysse Robert, *Supplément à l'histoire littéraire de la Congrégation de Saint-Maur*, p. 50-51.

2. Sœur Anne Martin, dite de Saint-Charles, fille de Charles Martin, bourgeois, receveur des tailles à Compiègne, pensionnaire de Sainte-Périne, était entrée au noviciat le 15 juin 1630, âgée d'environ quatorze ans et demi (*Registre des délibérations capitulaires de Sainte-Périne*, Arch. nat., LL 1609, fol. 40 v°). Elle fournit dans la communauté une carrière exceptionnellement longue; conseillère en 1695 (*Ibid.*, fol. 154), elle mourut le 20 avril 1701, après soixante-neuf ans de profession (*Nécrologe de Sainte-Périne*, Arch. nat., LL 1610, fol. 41 v°).

partie d'un petit dossier de dix feuillets[1], tout entier de la main de sœur Anne Martin, et contenant des renseignements de diverse nature sollicités par le savant et curieux bénédictin. Ce dossier se compose de quatre documents, à savoir :

1º Lettre de sœur Anne Martin à dom Gillesson, lui annonçant l'envoi de son mémoire sur l'affaire de la translation, en même temps que d'un inventaire des reliques de l'abbaye. Cette lettre est datée du 28 août 1645[2].

2º Procès-verbal de l'ouverture de la châsse de sainte Pétronille, à l'abbaye de Sainte-Périne, par Henry Clausse de Marchaumont, évêque d'Aure, coadjuteur de l'évêque de Châlons, du 18 octobre 1617. Copie de sœur Anne Martin[3].

3º Mémoire et inventaire des reliques de Sainte-Périne[4].

4º Le mémoire de sœur Anne Martin, annoncé dans sa lettre, sur la translation de la communauté à Paris, translation qui ne devait s'effectuer que plus tard, mais consentie depuis environ trois semaines par l'évêque de Soissons, et sur les circonstances qui avaient amené le consentement de l'évêque. Ce mémoire est daté du 27 août 1645[5].

On trouvera plus loin le texte de la première et des deux dernières de ces quatre pièces, ainsi qu'un extrait du Registre capitulaire de Sainte-Périne se rapportant directement à cette même affaire.

II.

Voici donc, d'après le mémoire de sœur Anne Martin et quelques renseignements puisés aux Archives nationales, quelles furent les origines, assez lointaines, du transfert[6].

Vers le début de l'année 1635, un avocat au Parlement de Paris, « Monsieur Hénim[7], » présentait à l'abbaye de Sainte-Périne une jeune personne de dix-neuf ans, appelée communément Louise

---

1. Bibl. nat., ms. fr. 18762, fol. 103-112.
2. Ms. fr. 18762, fol. 103.
3. Fol. 105.
4. Fol. 106.
5. Fol. 107.
6. Sur le transfert de Compiègne à Paris et les documents qui s'y rapportent, voir principalement Lebeuf, *Histoire de la ville et de tout le diocèse de Paris*, éd. Cocheris, t. III (1867), p. 335, et t. IV (1870), p. 329, et nouv. éd. (Féchoz et Letouzey), t. I (1883), p. 302, *Rectifications et additions*, par F. Bournon, p. 320-321 ; cf. aussi *Gallia christiana*, t. VII (1744), col. 869-871.
7. Probablement pour Hennin. Je ne vois pas ce nom figurer dans les listes d'avocats au Parlement de Paris publiées par Gaudry, *Histoire du barreau de Paris*, t. I (1865), p. 263-266 et 498-499.

Feron, que l'on donnait comme fille naturelle du duc de Chevreuse. Elle apportait avec elle une dot de 6,000 livres[1].

Admise au noviciat le 14 janvier, Louise de Chevreuse prenait, le 2 février suivant, l'habit de clergesse; trois mois après, le 3 mai, elle revêtait l'habit de novice[2]; un an plus tard, le 5 mai 1636, elle faisait sa profession[3].

Huit années se passèrent, sans que fût percé le mystère dont était enveloppée sa naissance, lorsque, vers la mi-juillet 1644, arriva à Sainte-Périne « un jeune seigneur », qui, se rendant à l'armée, passait par Compiègne. Il fit demander madame de Chevreuse. Après qu'il eût fait connaître ses noms, titres et qualités, il fut introduit au parloir, ainsi que la religieuse, que la visite de cet étranger avait de quoi surprendre. Et pourtant le jeune homme qui se présentait ainsi à elle inopinément n'était pas pour elle un inconnu; bien loin de là. Ne se souvenait-elle pas, en effet, d'un jeune garçon qui avait été le compagnon de ses premières années, qui avait été élevé avec elle chez un bourgeois de Paris, monsieur Granbois? Ce jeune garçon d'autrefois, c'est lui-même. Si elle en doute, qu'elle le reconnaisse à cette balafre qu'il s'est faite jadis en tombant : il porte encore au visage la marque de la blessure. Il s'appelle François de la Tour; son père est monsieur le maréchal de Bassompierre; sa mère, madame la princesse de Conti, décédée depuis treize ans; et, comme

---

1. On lit dans le *Registre* précité *des délibérations capitulaires de Sainte-Périne*, Arch. nat., LL 1609, fol. 44 v° : « Le quatorziesme jour de janvier mil six cent trente-cinq, l'abbesse et le chapitre deuëment assemblé, a esté proposé par ladicte révérende dame abbesse, de donner entrée pour estre religieuse à Loüyse de Chevreuse, agée de dix-huict ans [plus exactement dix-neuf ans, puisqu'elle était née, d'après le mémoire de sœur Anne Martin, le 15 août 1615, et que, d'après le nécrologe de l'abbaye, elle avait trente-sept ans en 1652, quand elle mourut, le 26 novembre], jouyssante de ses droits, et présentée par Monsieur Henim, advocat en Parlement, laquelle proposition a esté aggréée et ladicte fille admise au noviciat; et a esté arresté qu'on luy donnera l'habit de clergesse dans quelques jours, sur l'offre que ledict sieur Henim a fait, de six mil livres d'argent content pour sa dot et quatre cent pour son habit et enmeublement de sa cellule. »

2. Le 30 mars, avait été faite par l'abbesse « la proclamation pour la novicerie de sœur Loüyse de Chevreuse, clergesse » (*Registre des délibérations capitulaires*, Arch. nat., LL 1609, fol. 45 r°). — Le 20 avril suivant, sœur Louise de Chevreuse avait « esté receuë pour estre novice à la pluralité des voix » (*Ibid.*, fol. 45 v°).

3. Le 8 février 1636, « première proclamation de sœur Loüyse de Chevreuse pour la profession » (*Registre des délibérations capitulaires*, Arch. nat., LL 1609, fol. 50 r°); le 7 mars suivant, « seconde proclamation pour sœur Loüyse de Chevreuse » (*Ibid.*, fol. 50 v°); le 4 avril suivant, « ladicte sœur a esté receuë [à la profession] à la pluralité des voix » (*Ibid.*, fol. 50 v°).

lui, elle est née du maréchal et de la princesse. Séparé d'elle à six ans, emmené en Flandre et autres pays, il est de retour depuis environ deux ans. Vainement, il a fait, dans tous les couvents de Paris, enquêtes sur enquêtes. Enfin, le bonheur a permis qu'il apprît d'un ancien officier de madame la princesse, qu'elle était à Compiègne : cet officier ne l'avait pas trompé, puisqu'il retrouvait, parmi les religieuses de Sainte-Périne, une sœur si longtemps cherchée.

Peu de temps après cette scène de reconnaissance, qui semble tenir du roman plus que de l'histoire, au mois de septembre, se présenta à son tour à l'abbaye un « seigneur, grand amy de monsieur le mareschal, » vraisemblablement porteur d'instructions que nous ne connaissons pas. Bassompierre avait jusqu'alors négligé de reconnaître ses enfants ; madame de Chevreuse pria ce gentilhomme d'intercéder auprès du maréchal pour qu'il l' « advouât » pour sa fille ; cet ami, « qui avait déjà beaucoup servi monsieur de la Tour, » s'y employa activement et ne tarda pas à obtenir ce que l'on désirait. Dès lors, on ne connut plus à Sainte-Périne madame de Chevreuse, mais seulement madame de Bassompierre.

Sur ces entrefaites, il arriva que madame Charlotte de Harlay, coadjutrice de l'abbesse, dut consulter à Paris « pour quelque infirmité ; » l'abbesse, sa tante, l'accompagna ; et toutes deux s'adjoignirent dans ce voyage madame de Bassompierre. Ce fut l'occasion d'une première entrevue entre le père et la fille. Tout ému de cette paternité trop longtemps oubliée et retrouvée sur le tard, le maréchal se montra plein de tendresse. Déjà, il avait songé à pourvoir sa fille d'une abbaye ; il en avait parlé à la reine, et la reine lui avait promis que la première qui deviendrait vacante serait pour elle. La religieuse, qui avait mis tout son bonheur dans la soumission et dans l'obéissance, le pria de n'en rien faire, et, soit de son propre mouvement, soit qu'au préalable ses supérieures lui eussent habilement fait la leçon, le supplia de reporter ses bontés sur la communauté tout entière, en la prenant sous sa protection et en « se rendant le père commun d'icelle. » Bassompierre accéda volontiers au désir de sa fille et demanda ce qu'on souhaitait de lui. Son crédit, qui était grand, était à la disposition des dames de Sainte-Périne.

Or, précisément à cette époque, la communauté se trouvait avoir besoin d'un puissant appui ; et la délicate affaire pour laquelle on sollicitait celui du maréchal était cette « grande entreprise » de la translation des religieuses à Paris, entreprise dans laquelle les dames de Sainte-Périne se heurtaient à l'opposition, assez faible sans doute, de l'archevêque de Paris, qui, très légitimement, exigeait certaines garanties, et à l'opposition, bien autrement vive et tenace, de l'évêque de Soissons, qui se souciait peu de laisser la communauté quitter son diocèse.

Aussitôt, Bassompierre « épousa cette affaire comme sienne : » c'était le succès assuré.

On pourra suivre, dans le mémoire de sœur Anne Martin, mémoire tout à fait contemporain des événements, très précis et très exact, le détail des négociations qui suivirent, et on trouvera aux Archives nationales[1] un certain nombre de pièces qui s'y rapportent. Rappelons seulement qu'après une résistance assez longue, mais inutile, car il devait bien savoir « que les personnes qui requéroient cela de luy pouvoient en venir à bout par d'autres voies, » l'évêque de Soissons finit par donner son consentement, le 8 août 1645. La communauté acheta, pour 35,400 livres, une maison à la Villette-lès-Paris, grandement aidée dans cette acquisition par Bassompierre, qui, sur cette somme, paya 16,000 livres[2]; et, le 8 juillet 1646[3], les religieuses étaient solennellement établies dans leur nouveau couvent par l'archevêque de Paris. Moins de trois mois après, le 12 octobre, Bassompierre mourait, âgé de soixante-sept ans.

Sa fille ne devait lui survivre que peu d'années. Atteinte d'« une fiebvre et fluxion sur le poulmon, » la mère Louise de Bassompierre, dite des Archanges, s'éteignit, après six mois de maladie, le 26 novembre 1652[4], à trente-sept ans. « Exacte et fidelle à l'observance de ses vœux..., elle estoit, lit-on dans le Nécrologe de l'abbaye[5], fort soumise et obéissante à ses supérieures, extrêmement charitable et serviable envers toutes, ayant grande joye de rencontrer les occasions de faire plaisir et de rendre service... Elle estoit infatigable au travail et eust volontiers porté les plus lourdes et pénibles charges et fardeaux pour soulager ses sœurs. »

Sans doute, on conserva quelque temps à Sainte-Périne, où sa présence avait servi, d'une façon si singulière et si imprévue, les intérêts de la communauté, le souvenir de la douce et humble fille de Bassompierre; mais le monde, qui ne l'avait pas connue, n'eut pas même à l'oublier; et les historiens et biographes de son père ne paraissent pas avoir soupçonné son existence[6].

Lucien AUVRAY.

---

1. L 1033, pièces 13 à 23.
2. Cf. *Gallia christiana*, t. VII (1744), col. 870.
3. Cf. *Gallia christiana*, ibid., et l'extrait publié plus loin du *Registre des délibérations capitulaires*.
4. Quelques mois auparavant, le 22 mars, l'abbesse l'avait nommée infirmière (*Registre des délibérations capitulaires*, Arch. nat., LL 1609, fol. 106 v°).
5. Arch. nat., LL 1610, fol. 19 r°.
6. Cf. le P. Anselme, *Hist. gén. de la maison de France*, t. VII (1733), p. 467; Moréri, *Dict. hist.*, t. III (1759), p. 167; le marquis de Chantérac, dans la *Notice historique et bibliographique* dont il a fait précéder son édition des *Mémoires* de Bassompierre, t. I (1870), p. xxi.

I.

LETTRE DE SŒUR ANNE MARTIN A DOM GILLESSON.

Mon Révérend Père,

Je m'estime si heureuse d'avoir vostre connoissance, à raison de la part que je crois avoir en vos prières, que je prend volontiers l'occasion de m'y recommander par ces lignes, qui seront aussy pour vous suplier très humblement de me conserver en vos bonnes grâce[s] et recommander à Nostre Seigneur les besoin[s] de mon âme.

Je vous envoie ce que vous m'avez demandé, ne voulant pas attendre que j'ay l'honneur de vous voir, à vous les donner, de crainte que vous ne désiriez autre chose, et afin que, si cela est, j'ay le temps de vous satisfair[e] selon mon possible et mon désir.

Vous excuserez, s'i[l] vous plaist, les fautes que vous rencontrerez en ces escris, car je vous advoüe que je suis si brouillonne, que je ne puis que je n'en fasse beaucoup, tant en l'octografes qu'en l'escriture (que j'ay fait un peu à la haste), et en l'ordre et suite du discour[s], que j'aurois peine de donner, n'estoit que je scay que, vous la donnant, il recevra toute correction nécessaire, et à la quelle je me soumest volontiers. Je n'ay pas aussy prétendu faire un discour[s] de suite, n'en ayant pas la capacité, mais bien un simple narré de l'histoire, selon ce que j'en ay ouÿ parler, et n'aye pas en iceluy voulu faire paroistre que c'est moy qui aye escris comme religieuse de Sainte-Perrine (d'autant que vous avez peu et pouvez apprendre le tout d'autres personnes), afin que, s'il y avoit quelque particularitez que l'on ne voulut point estre sçeüe, je n'en reçoive point le reproche. C'est pourquoy vous en jugerez, s'i[l] vous plaist, et ne ferez pas paroistre que le tout vous a esté donné par moy, qui[1] ne vous l'envoie pas sans permission, en ayant parlé à mes supérieures.

Pour ce qui est du mémoire des reliques de scéans, je ne m'en soucie pas ; je l'ay fait signer par ma mère la prieure, pour plus autentique approbation, et l'aye signé en suite, ainsi que vous l'avez désiré. S'il y a quelque chose que vous puissiez exiger de moy, vous m'obligerez parfaitement, puis que je n'aye pas de passion plus grande que de vous faire paroistre par effect comme je suis du fond de mon âme, mon Révérend Père, vostre très humble et obéissante servante en Jésus et Marie,

S[œu]r Anne MARTIN, r[eligieuse] p[rofesse].

De Sainte-Perrine, ce 28ᵐᵉ jour d'aoust 1645.

---

1. Le dernier membre de phrase : « Qui ne vous l'envoie pas..., » semble avoir été ajouté après coup.

[Adresse :] Au Révérend Père
le Révérend Père dom Bonaventure,
religieux bénédictins,
à Saint-Cornille.

II.

« Mémoires et inventaire des reliques et reliquaire[s] de Sainte-Perrine. »

Une châsse de bois doré, dans laquelle sont plusieurs ossements, que l'on tien[t] estre de sainte Pétronille, vierge, fille de saint Pierre. En ceste châsse s'est trouvé un grand parchemin, dont la copie est si joincte[1], une autre petit parchemain, contenant ces mots :
« In...[2] »

Plus une autre châsse fort antienne, dans la quelle il y a plusieurs petits ossemens, avec un fort grand ; l'on les a tousjours honoré comme de plusieurs martirs, mais l'on a trouvé parmy icelle[s] relique[s] un certificat comme se sont les reliques de saint Augustin, et dont voici la teneur :

« Nous, Henry Clausse de Marchaumont, évesque d'Aure et coadjuteur en l'évesché de Chaalons en Champaigne, certifions avoir trouvé des reliques dans la châsse de madame sainte Perrine, que nous avons remise[s] dans une châsse ancienne, et baptisée du nom de saint Augustin, duquel les dames de céans portent l'habit. Fait en l'abbaye de Sainte-Perrine, ce xvii octobre mil six cent dix sept, et signé, du commandement de Monseigneur,
« Marion. »

Item, une croix d'argent doré, où il y a de la vray[e] croix et un morceau du sains suaire, que l'on nous a donné de saint Cornille.

Item, une image d'argent de saint Augustin, où il y a un morceau du chef dudit saint, qui a esté donné à une religieuse par un religieux Prémontré.

Item, un reliquaire de vermeil doré, où il y a des cendre[s] et quelque[s] petits ossements de saint Jean-Baptiste.

---

1. Ce « grand parchemin » est le procès-verbal, signalé plus haut, de l'ouverture de la châsse de sainte Pétronille, à l'abbaye de Sainte-Périne, par Henry Clausse de Marchaumont, évêque d' « Aure, » coadjuteur de l'évêque de Châlons, du 8 octobre 1617, et dont la copie occupe le feuillet 105 du ms. fr. 18267.

2. La copie du « petit parchemin » ne va pas au delà de ce premier mot.

Item, une image d'argent de sainte Pétronille, en la quelle il y a deux morçeaux de la mesme sainte.

Item, un chef d'argent doré, où il y a une bonne partie du chef que l'on tien[t] estre de la mesme sainte, mais l'on n'en est pas assuré.

Item, une joüe d'argent, où il y a un morceau de la mesme sainte.

[Signé :] Sœur Jeanne CHARDON, prieure; Sœur Anne MARTIN, religieuse professe de l'abbaye de Sainte-Perrine de Compiègne.

III.

Mémoire de sœur Anne Martin sur les origines de la translation a Paris des religieuses de Sainte-Périne.

Madame Louise de Bassompierre, religieuse en l'abbaye de Sainte-Perrine de Compiègne (fille de monseigneur le mareschal de Bassompierre et de madame la princesse de Conti), naquit en l'année mil six cent quinze[1], le quinziesme d'aoust, dans le Louvre, et fut baptisée le mesme jour en l'église de Nostre-Dame de Paris, et fut nommée Louise, du nom de madame sa mère[2], et eust pour parain et mareine des pauvres qui s'i rencontrèrent. De là elle fut portée chez un honneste bourgeois de Paris (nommé monsieur Granbois), pour y estre nourrie et eslevée, avec commandement de ne desclarer à personne à qui elle appartenoit; ce que luy et toute sa famille n'a jamais fait; et l'ont eslevée et nourrie jusqu'à l'aage de dix neuf ans, qu'elle fut menée en la susditte abbaye de Sainte-Perrine, pour y estre religieuse, et y entrat le quatorziesme de janvier de l'année mil six cent trente cinq, prist le petit habit de clergesse le deuxiesme de febvrier en suivant, et, le troisiesme de may de la mesme année, elle y reçeut le saint habit de novice; [elle] y a fait sa profession le cinquiesme de may de l'année mil six cent trente six.

Et à noter qu'elle ne fut pas donnée en l'abbaye de Sainte-Perrine comme fille de monseigneur le mareschal de Bassompierre et de madame la princesse de Conti, mais bien comme batarde de monseigneur de Chevreuse[3], et mesme advouée de luy pour telle, et pour se

---

1. Ms. : « seize, » corrigé en « quinze. »
2. Louise-Marguerite de Lorraine, fille de Henri Ier de Guise; elle avait été mariée, le 24 juillet 1605, à François de Bourbon, prince de Conti, frère de Henri Ier de Bourbon, prince de Condé; elle mourut « de tristesse » le 30 avril 1631. Cf. le P. Anselme, *Hist. gén. de la maison de France*, t. I, p. 334, et t. III, p. 487-488.
3. Claude de Lorraine, duc de Chevreuse, fils de Henri Ier de Guise et

suject, à son entrée en religion, luy fut donné le nom de Chevreuse ; car auparavant, pour la faire mesconnoître au voisinage et mesme à elle-mesme, l'on la nommoit mademoiselle Louise Feron. Or, la manière par la quelle on l'a reconnue estre fille de monsieur le mareschal de Bassompierre et de madame la princesse de Conti, est celle sy.

Environ la my juillet de l'année 1644, un jeune seigneur, que l'on nomme monsieur le baron de la Tour[1], passant pour aller à l'armée, vint en la susdicte abbaye de Sainte-Perrine demander au parloir madame de Chevreuse, fesant dire par ses valets qu'il estoit fils de mon dit sieur de Bassompierre ; ce qui mist dans l'estonnement la dicte religieuse, qui ne pouvoit concevoir ceste visite, en la quelle, après le pourparler qu'ils eurent ensemble, le dit sieur de la Tour luy fit connoistre qu'il estoit son frère, et tous deux enfans des dicts seigneur de Bassompierre et la princesse de Conty ; et luy fit entendre qu'il estoit celuy qui avoit esté eslevez avec elle jusqu'à l'aage de six ans (après lesquels il fut menez en Flandre et autre[s] payis pour le faire mesconnoistre). En ceste visite, il se fit donc connoistre à sa sœur et luy fit voir une marque, qu'il porte au visage, d'une blessure qu'il se fit en tombant, lors qu'il demeuroit ensemble, et dont elle se souvint fort bien. Il est à juger s'il ne luy fit pas grand caresse, et luy donna des preuves d'une fraternelle amitié, qu'elle reçeut avec de très grande joie. Il l'asseura que, depuis environ deux ans[2] qu'il estoit de retour, il avoit fait les enquestes dans tout les couvent de Paris pour sçavoir si elle n'y estoit pas, mais que, par bonheur, il avoit apris d'un officier de feu madame la princesse, qu'estoit à Compiègne.

Il luy dit aussy que monsieur de Bassompierre ne le desclaroit pas pour son fils[3], ny elle pour sa fille, mais que le traitement qu'il luy

---

frère aîné de Louise-Marguerite de Lorraine, princesse de Conti. Né en 1578, il avait épousé en 1622 Marie de Rohan, veuve du duc de Luynes; il mourut en 1657. Cf. le P. Anselme, *Hist. gén. de la maison de France*, t. III, p. 487, et t. VIII, p. 456.

1. On sait très peu de chose de François de la Tour. D'après le marquis de Chantérac, *Mémoires* de Bassompierre, t. I, p. xxi-xxii, le baron de la Tour, né de l' « union secrète » du maréchal de Bassompierre avec la princesse de Conti, « union que les contemporains ont regardé comme certaine, mais qu'il n'a nulle part indiquée dans ses *Mémoires*, » aurait été blessé, le 10 août 1648, à la prise de Vietri, dans le royaume de Naples, et serait probablement mort de sa blessure.

2. *Ms.* : « deux mois, » corrigé en « deux ans. »

3. « Chacun... blasma [le maréchal de Bassompierre] de n'avoir donné aucun ordre à ses affaires et d'avoir laissé un fils qu'il avoit eu de la princesse de Conti, des mieux faits et des plus braves de la Cour, sans subsis-

fesoit et le train qu'il luy donnoit, luy fesoit bien croire la vérité, d'autant qu'il recevoit grande caresse de luy; et mesme il dit à madame sa sœur qu'il avoit dit à monsieur le mareschal qu'il la viendroit voir en allant à l'armée; ce qu'il advoua, et luy dit mesme : « Vous m'en direz des nouvelles! »

Durant ceste campagne qu'il fit, il arriva qu'au mois de septembre il vint en l'abbaye un seigneur grand amy de monsieur le mareschal (et qui avoit desjà beaucoup servi monsieur de la Tour), où il apprit que ceste fille y estoit, et la voulu[t] voir. Après l'avoir salué[e], il luy dit qu'il la vouloit servir beaucoup; elle luy tesmoigna qu'il ne pouvoit plus la servir, qu'en persuadant au dit seigneur de l'advouer et la faire connoistre pour sa fille ; ce qu'il luy promit de faire. Et en effet, estant de retour, il y travaillat promptement, et obtint que d'orresnavant elle se nommeroit de Bassompierre. Incontinent après, elle luy rendit les devoirs comme à son père, et reçeut aussi les asseurance[s] de l'affection paternelle. Et dès lors il se mist en devoir de luy procurer une abbaye, et mesme en fit la demande à la Reine, qui luy accorda que la première vacante seroit pour luy; mais les nouvelles en estant venue[s] à madame sa fille, elle escrivit à quelque personne pour luy faire entendre qu'elle ne désiroit pas entrer en possession de bénéfices, et qu'elle avoit mis son bonheur dans la soumission et l'obbéissance, et qu'elle ne vouloit aucunement désister de ses première[s] résolutions.

En ce temps, il arriva que, pour quelque infirmité, madame l'abbesse de Sainte-Perrine[1] fut contrainte de mener à Paris madame sa coadjutrice[2], pour faire consultation de son mal, et prist l'occasion d'y mener avec elle madame de Bassompierre, pour obliger monsieur le maréchal, qui fut fort resjouy de ceste occasion, et voulu[t] mesme

---

tance et sans établissement » (*Mémoires de Nicolas Goulas*, éd. Ch. Constant, t. II, p. 188-189). — « On croit qu'il estoit marié avec la princesse de Conty... Il eut un fils de la princesse de Conty, qu'on a appelé la Tour-Bassompierre; on croit qu'il l'eust reconnu, s'il en eust eu le loisir. Ce la Tour estoit brave et bien fait... » (Tallemant des Réaux, *Historiettes*, éd. Monmerqué et Paulin Paris, t. III (1854), p. 337 et 338). — Voir cependant *Mémoires de Bassompierre*, éd. de Chantérac, t. V, p. 363.

1. Charlotte Ire de Harlay, fille de Jean de Harlay, seigneur de Césy, et de Anne Du Puy; elle avait succédé, dans le gouvernement de l'abbaye de Sainte-Périne, à sa sœur Anne de Harlay, morte en 1616; elle mourut elle-même en 1662.

2. Charlotte II de Harlay, fille de Philippe de Harlay et de Marie de Béthune, et nièce par conséquent de Charlotte Ire, à qui elle succéda, en 1662, dans le gouvernement de l'abbaye; elle mourut en 1688. — Le P. Anselme (VIII, 803-804) a fait une confusion dans la généalogie des Harlay et ne connaît que Charlotte II.

les envoier quérir; ce qu'il fit. Et après quelque peu de jour[s] de leur arrivée à Paris, il prist la peine de venir au logis où elles estoient, et où, après avoir salué ma dicte dame abbesse, il embrassat sa chère fille jusqu'à douse reprises, sans luy pouvoir parler, sinon que du cœur; qui produisoit en sa fille des affections plus sensible[s] que les parolles ne peuvent pas exprimer. Après ces caresses, il l'entretint l'espace de trois cart[s] d'heur[e]. Dans cest entretien, il luy fit paroistre le désir qu'il avoit, de luy procurer une abbaye; mais, comme j'ay desjà dit, elle luy tesmoigna qu'elle n'estoit pas en résolution d'en accepter, se trouvant heureuse dans la condition et vocation qu'elle avoit embrassée, et le suplia très humblement de ne la pas contraindre en cela; et que, s'il avoit de la bonne volonté pour elle, elle le suplioit[1] derechef de la fair[e] paroistre à toute la communauté, en la prenant soubs sa protection, se rendant le père commun d'icelle. Monsieur le mareschal, voiant la résolution de sa fille, se mist à l'embrasser derechef, et luy protesta que jamais plus il ne luy parleroit d'abbaye, mais que dès l'heure mesme il acceptoit la qualité de père commun de toute la communauté, et demanda ce que l'on désiroit de luy.

Madame de Sainte-Perrine et madame sa fille luy dirent que l'on leur avoit souvente[s] fois parlé de faire une translation de leur communauté de la ville de Compiègne en celle de Paris, mais que l'entreprise estoit si grande, qu'à moins d'un grand et puissant suport, elle ne pouvoit y entendre. Aussy tost il espousa ceste affaire comme sienne. Et comme il s'agissoit des permissions de monseigneur de Paris et de Soissons[2], il allast luy-mesme trouver mon dit seigneur de Paris, qui, après quelques dificultez, luy dit que l'on ne luy pouvoit rien refuser et qu'il luy donnoit sa parolle. Il escrivit aussy à monsieur de Soissons, à qui il envoia un gentil homme exprès.

Monsieur le conte de Césy, frère de madame l'abbesse de Sainte-Perrine[3], escrivit aussi par la mesme voie et pour le mesme sujet à monsieur de Soissons, de qui ils reçeurent grande satisfaction, pour le désir qu'il tesmoignoit de les obliger. En suite de ces responces, les dames abbesse et religieuses de Sainte-Perrine présentèrent

---

1. Le ms. porte « qu'elle le suplioit. »

2. L'archevêque de Paris était alors Jean-François de Gondi (1622-1654), l'évêque de Soissons, Simon Le Gras (1624-1656).

3. Il semble qu'ici sœur Martin, généralement si exacte, fasse erreur. Charlotte Ire de Harlay, abbesse de Sainte-Périne à l'époque qui nous occupe, c'est-à-dire en 1645, était la tante et non la sœur de Roger de Harlay, comte de Césy depuis la mort de Philippe de Harlay, survenue en 1632; le comte de Césy avait bien une sœur à Sainte-Périne et qui s'appelait aussi Charlotte de Harlay; elle était alors, comme nous l'avons vu, coadjutrice de l'abbesse, sa tante.

requeste au dit seigneur de Soissons pour avoir son consentement[1], et la formoi[en]t sur les incommodités qu'elles expérimentoient, à raison du grand nombre qu'elles estoient, et que leur(s) maison n'estant bâtie régulièrement, elles ne pouvoient i garder la régularité, outre ce qu'elle[s] n'avoi[ent] pas de quoy bâtir, ny lieu d'espérer l'avoir. De plus, par la dite requeste, elles représentoient l'offre que monsieur de Bassompierre leur fesoit, de douse mil escus, au cas de leur translation à Paris, et plusieurs autres, que les parants des filles feroient aussy en ce cas. Ceste requeste, signée de toutes les religieuses, fut envoiée à monsieur de Soissons par un gentil homme de monsieur le mareschal, le dixiesme de juin, et respondue le mesme jour, le dit seigneur évesque ordonnant que la dicte requeste seroit communiquée à son promoteur et sindic[2]; ce qui fut fait; et ordonnèrent pareillement que toutes les filles religieuses seroient ouye[s] toutes en particulier, pour sçavoir si elles n'oroient point esté forcée[s] à consentir à la dicte translation. Ce qui a esté exécutez par mon dit sieur évesque, qui à cest effect c'est transporté de la ville de Soissons en celle de Compiègne; où, après avoir fait toutes les enquestes particulières, et visites des lieux contenus en l'abbaye, il a deub trouver les demandes[3] des filles très justes et raisonnables, et leur promis[t] mesmes toutes sortes de contentement[s][4].

Mais comme l'affaire requéroit, ce semble, une meure délibération, il apporta de grande[s] longueur[s]. Or, pendant ces espaces de temps qu'il apportoit, le chapitre de Soissons forma oposition à la préten-

1. Une ampliation de cette requête se trouve aux Arch. nat., carton L 1033, pièce 13; elle porte au dos la date du 10 juin 1645, celle que donne sœur Anne Martin. On y lit, entre autres : « Le bastiment d'une maison de religieuses coustera plus à Compiègne que non pas à Paris, où elles désirent, soubz vostre permission et obéissance, se retirer, trouvant à cest effect de fort favorables bienfacteurs, et entr'autres monsieur le mareschal de Bassompierre, qui, en considération de sa fille, l'une desdictes suppliantes, donner[a] effectivement la somme de trente six mille livres, ainsi qu'il est porté par la pièce cy-attachée, portant que ledict seigneur mareschal leur promet et les asseure de leur achepter de ceste somme une maison bien bastie, de la quantité et capacité de sept arpens d'enclos... » Cette requête est suivie de quarante-deux signatures, non originales; celle de sœur Anne Martin est la quinzième, celle de sœur « Louyse de Bassompierre » la vingt-quatrième. — Une copie de cette même requête se trouve dans le même dossier, pièce 14.

2. Cf., au bas de la requête ci-dessus indiquée (L 1033, pièce 13), les apostilles originales du promoteur (14 juin 1645), du syndic (30 juin) et de l'évêque (30 juin).

3. *Ms.* : « Nos demandes, » corrigé en : « Les demandes. »

4. Cf. Arch. nat., L 1033, pièce 16 : Information de l'évêque de Soissons pour la translation, avec un inventaire des reliques, 8 juillet 1645.

due translation ; la quelle fut signifiée aux dames religieuses et au dit sieur évecque ; et la dicte oposition portoit qu'ils prétendoi[en]t autant et plus de droits en icelle translation, que monsieur l'évesque. Ce qui n'espouvanta pas beaucoup les dames religieuse[s], qui reçeurent bien tost la levée de la dicte opposition, par une requeste qu'elles présentèrent au dit chapitre, avec lettre de monsieur le maréchal à eux adressant, et par la quelle il obligea le dit chapitre de donner toutes satisfactiou[s] aux dames religieuse[s], avec toutes les sivilitez possible.

La dicte oposition levée fut signifiée à monsieur de Soissons, qui ne fut pas peu estonné de la diligence de ces messieurs du chapitre à se déporter de leur oposition ; et n'en apportoit pas davantage de son cotté, bien qu'il fût souvent suplié de le faire ; ce quy n'agréoit pas à monsieur le maréchal, qui désiroit une prompte issüe de ceste affaire. Et, pour ceste cause, il envoia en la ville de Compiègne un gentil homme de sa part, pour poursuivre l'affaire, avec charge de ne point s'en retourner, s'il n'en avoit veü l'issüe. Ce gentil homme poursuivit si fort monsieur l'évesque, qu'enfin il obtint pour les dames religieuse[s] le consentement qu'il désiroit, après plusieur(e)s difficultez formée[s] par le dit sieur évecque, qui montroit grande peine de le donner. Mais, comme il sçavoit que les personnes qui requéroi[en]t cela de luy, pouvoi[en]t en venir à bout par d'autre[s] voye[s], il n'a pas peu les refuser. C'es[t] pourquoy il a fait dresser son procez-verbal, contenant la requeste à luy présentée par les dames religieuses, et la responce d'icelle par luy faite, les ordonnances de son promoteur et sindic, et l'exécution d'icelles, l'opposition du chapitre et la levée d'icelle, les visitation[s] de la maison par les ouvriers à ce députez et les rapports d'iceux, la dotation de monsieur le maréchal pour l'achat d'une maison proche de Paris, et les offres de quelque[s] autres parants des filles, la vente que l'on prétend faire de la maison qu'elles possèdent et tout le[s] revenus qu'elles ont, de plus les droit[s] à elles obtenus de douze minots de sel et augmentation de chaufage dont elles espèrent jouir les année[s] prochaine[s].

Le dit procez-verbal achevez, fut, par le commendement de monsieur l'évesque, leü et prononcé par un notaire apostolique dans le parloir de dehors des religieuses, et par elles toutes entendu et signé le huictiesme jour d'aoust[1], et le dit procez[2] mis au tabelion, et dont une copie collationnée est demeurée ès mains de monsieur l'évesque

---

1. *Ibid.*, pièce 17 : Permission et consentement de l'évêque de Soissons pour la translation de l'abbaye, 8 août 1645, original scellé.
2. *Ms.* : « Le dit contract, » changé en : « Le dit procez. »

pour estre par luy mis[e] en ses archives, ainsi qu'il est portez au même lieu, et l'original mis entre les mains des dames religieuses.

Le neufviesme du mesme mois, le concentement donnez par monsieur l'évesque fut prononcé par le mesme notaire et au mesme lieu et parloir que dessus, en présence des mesmes dames, et signez de toutes, le consentement portant en substance que, veu la requeste présentée, et considérée[s] les raison et motifs portés en icelle, et celles des religieuses en particulières ouyes par l'ordonnance du promoteur et sindic, et qu'après la visitation des lieux, qui n'estoi[en]t trouvé[s] sufisans pour y contenir le nombre de soixante fille[s] qu'elles sont, et toutes les autres choses contenües au procez-verbal, pour ne les pas réitérer, veu toutes ces choses, dis-je, le dit sieur évesque permet et a permis aux dames religieuse[s] de sortir de son diocèse, se déportant de son authorité sur elles, et leur permet de s'establir en la ville de Paris, à condition que les dicte[s] dames religieuses feront apparoistre au clergé de Soissons, comme celuy de Paris conçent, qu'elles continuront à payer en celuy de Soissons les décimes tant ordinaires qu'extraordinaire[s] qu'elle[s] ont tousjours payée[s]; à quoy elle[s] se sont obligée[s]; pareillement de paier à l'évesque la somme de quatre livres pour son droit de procuration, qu'il n'a voulu céder, ainsi que d'autres de ses confrères ont fait en pareille rencontre; et mesme a voulu que les religieuse[s] luy passassent acte comme elles s'obligeoient à ce payement; ce qui a esté fait; de plus, sa permission portant deffence à pas une des religieuse[s] de sortir ny faire transporter de meuble[s], qu'au préalable il n'ay veu comme quoy monsieur de Paris conçent à l'establissement, et qu'il y aye une maison achetée, capable de contenir le nombre des religieuses, et d'y garder la clôture et la régularité ; à cest effect, il a permis à madame la révérendissime abbesse et à madame sa coadjutrice, madame de Bassompierre et à deux autres religieuse[s] de sortir et se transporter en la ville de Paris pour faire le choix d'une maison et poursuivre le consentement de monseigneur l'archevesque de Paris[1]; la dicte dame abbesse, etc., estant partie le onsiesme jour d'aoust pour cest effect.

Fait ce 27me aoust 1645.

---

1. Arch. nat., L 1033, pièce 18 : Permission de l'évêque de Soissons à l'abbesse de Sainte-Périne, de se rendre à Paris, avec sa coadjutrice, sœur Louise de Bassompierre, et deux autres religieuses, conclure l'acquisition de la maison de la Villette, 9 août 1645. — Parmi les pièces postérieures du même dossier, je citerai seulement la pièce 23 : Requête originale des religieuses de Sainte-Périne, sollicitant de l'évêque de Soissons la permission de vendre leur maison de la Porte-Rouge de Compiègne. La signature

IV.

Extrait du registre des délibérations capitulaires de Sainte-Périne concernant la translation a Paris.

Le dixième jour d'avril mil six cens quarante-cinq, le chapitre deüement assemblé, a esté proposé par la révérende dame abbesse que, pour l'advancement du bien temporel de la communauté, elle auroit esté conseillée par des personnes de grande condition et piété[1], affectionnez aux intérêts de nostre maison, de la tranférer de la ville de Compiègne à celle de Paris; ce qui a esté agréé de toutes, et ont résolu unanimement de présenter requeste à monseigneur l'évesque de Soissons, pour obtenir sa permission; ce qu'ayant esté fait, ledit seigneur évesque a voulu examiner laditte dame abbesse et toutes les religieuses au parloir, pour sçavoir de chacune en particulier les raisons et motifs de ceste translation. Après les avoir entendus, approuvez et fait aussy tost rédiger par escrit et signer par lesdittes dame abbesse et religieuses, qu'il a trouvées toutes conformes en leur dessein, il leur a donné son plein et entier consentement. En suitte duquel fut présenté requeste à monseigneur le révérendissime archevesque de Paris, pour luy demander le sien, ce qu'il accorda, et ordonna la visite estre faite, par son official et autres ecclésiastiques, d'une maison à la Villette-lès-Paris, pour voir si elle seroit propre à un monastère; le procès-verbal en ayant esté dressé, et ledit seigneur archevesque deüement informé que laditte maison estoit fort comode, elle fut acheptée par lesdittes dame abbesse et religieuses; lesquelles l'ayant fait mettre promptement en estat d'y pouvoir garder la régularité, y furent solemnellement establies et enfermées dans leur closture par ledit seigneur archevesque, le dix huictième jour de juillet mil six cens quarante-six.

S[œur] Charlotte de Harlay, abbesse.
Sœur Anne de Villers, greffière[2].

---

autographe de « Louise de Bassompierre » se lit au bas de cette requête, au seizième rang.

1. Notamment le maréchal de Bassompierre et le comte de Césy, comme il a été vu plus haut.
2. Arch. nat., LL 1609, fol. 90 r°.

Extrait du *Bulletin de la Société de l'Histoire de Paris et de l'Ile-de-France*, tome XXX, année 1903.

Nogent-le-Rotrou, imprimerie Daupiley-Gouverneur.